Missão Dada, Missão Cumprida

Estratégias de Forças Especiais para formar equipes de alto desempenho na gestão corporativa.

Paulo Ehms

MMXXIII

Para solicitações de permissão e feedback entre em contato com:
ehmsbooks@yahoo.com

Conteúdo

Introdução

Missão Dada, Missão Cumprida.

Estratégias de Forças Especiais para Formar Equipes de Alto Desempenho na Gestão Corporativa.

Em um mundo onde a competitividade é a norma e o sucesso é definido pela capacidade de adaptação, há uma busca incessante por métodos que elevem equipes a excelência. Este livro propõe uma abordagem única, onde as estratégias de elite das forças especiais se encontram com os corredores corporativos, formando uma aliança inigualável de liderança e eficácia.

Imagine uma missão onde a excelência é a única opção, onde cada membro da equipe é uma peça vital em um quebra-cabeça complexo. Nas forças especiais, a missão dada é a missão cumprida, e cada operação é uma dança coreografada de habilidade, resiliência e comunicação precisa.

Agora, transponha esse cenário para o mundo dos negócios. Aqui, as equipes são as unidades operacionais, os gestores são os comandantes, e cada desafio é uma missão a ser cumprida. Em "Missão Dada, Missão Cumprida", exploraremos como os princípios das forças especiais se tornam as ferramentas essenciais para forjar equipes que não apenas atingem, mas ultrapassam as expectativas.

Ao longo destas páginas, mergulharemos na essência da liderança efetiva, na comunicação que transcende barreiras e na resiliência que transforma desafios em oportunidades. Cada capítulo é uma missão, cada lição uma conquista, e a missão é clara: formar equipes de alto desempenho que serão os melhores dos melhores.

Preparado para embarcar nesta jornada onde o campo de batalha é o escritório e a vitória é medida pelo sucesso duradouro? Vamos começar essa missão juntos.

Capítulo 1

"Raízes Lendárias: Das Tropas Míticas aos Heróis Contemporâneos"

Em Busca das Origens

Nos recantos mais profundos da história, onde os mitos dançam com a realidade, encontramos as raízes lendárias que deram origem às forças especiais modernas. Este capítulo nos convida a uma jornada através dos séculos, explorando as lendas dos Mirmidões da Grécia Antiga e dos Pretorianos do Império Romano, onde a coragem se mescla com a disciplina, e a fúria indomável encontra a lealdade inabalável.

Os Primeiros Passos: Emergência e Necessidade das Tropas Especiais

Antes de serem registradas em pergaminhos e manuscritos, as sementes das forças especiais foram semeadas nos campos de batalha primordiais. Nos primórdios dos conflitos, surgiram desafios únicos que demandavam respostas inovadoras. A necessidade, mãe da invenção, gerou a criação das primeiras unidades especializadas.

Os Primórdios da Guerra: Desafios Únicos Exigem Respostas Especiais

No cenário caótico das primeiras guerras, com terrenos imprevisíveis e táticas pouco convencionais, a demanda por uma resposta mais eficiente cresceu. As batalhas não eram apenas entre exércitos, mas entre a adaptabilidade e a rigidez. Nesse contexto, as primeiras tropas especiais surgiram para enfrentar inimigos e desafios que escapavam às estratégias tradicionais.

Inovação e Adaptabilidade: As Primeiras Sementes das Forças Especiais

A resposta à necessidade emergente foi a inovação militar. As primeiras unidades especiais eram compostas por guerreiros habilidosos e adaptáveis, escolhidos não apenas por sua força bruta, mas por sua capacidade de pensar além das linhas convencionais. Suas táticas eram moldadas pela flexibilidade, permitindo respostas rápidas e eficazes a cenários desafiadores.

O Chamado dos Mirmidões: Disciplina na Guerra de Troia

À medida que a poeira dos primórdios da guerra assentava, emergia um grupo de guerreiros que personificava a disciplina e a determinação inabalável: os Mirmidões. Comandados por Aquiles, cujo nome era sinônimo de invencibilidade, os Mirmidões eram uma força única na Guerra de Troia.

Aquiles e a Disciplina Inabalável

Aquiles, o líder destemido dos Mirmidões, destacava-se por sua habilidade em combate e principalmente pela disciplina que infundia em sua tropa. Cada Mirmidão era treinado para seguir ordens com precisão militar, sem hesitação. A disciplina dos Mirmidões não era apenas uma formalidade; era a espinha dorsal que sustentava a eficácia e a coesão da unidade.

Disciplina Além da Mortalidade

A disciplina dos Mirmidões transcendeu os limites da mortalidade. Em meio ao caos da guerra, Aquiles exigia a perfeição de seus guerreiros, criando uma unidade coesa e resiliente que enfrentava desafios que pareciam insuperáveis. Os Mirmidões personificavam a força física, mas sobretudo a capacidade de manter a compostura e a eficiência sob as condições mais extremas.

Ao desbravar os campos de batalha da Guerra de Tróia, exploramos o chamado dos Mirmidões, revelando como a disciplina tornou-se o alicerce de uma lenda que ecoaria através dos séculos. Embarquemos juntos nesta jornada, onde a guerra se torna um palco para a forja de guerreiros excepcionais.

A Vanguarda Romana: Pretorianos como Guardiões do Imperador

Enquanto os Mirmidões deixavam sua marca nas areias da Antiguidade, nas entranhas do Império Romano surgia uma força cuja lealdade inabalável se tornaria lendária: os Pretorianos. Designados como a guarda de elite do imperador, eles não apenas enfrentavam ameaças externas, mas também desempenhavam um papel vital na manutenção da estabilidade e segurança interna do império.

Seleção Rígida e Treinamento Exaustivo

Os Pretorianos não eram simples soldados; eram escolhidos entre os melhores das legiões romanas. Sob um processo de seleção rigoroso, apenas os mais habilidosos e leais eram admitidos. Seu treinamento não conhecia limites, abrangendo estratégias militares avançadas, técnicas de combate corpo a corpo e táticas de defesa pessoal. Eles se tornavam mestres na arte da guerra e da proteção pessoal.

Guardiões Inabaláveis do Poder Imperial

A missão fundamental dos Pretorianos era clara: garantir a segurança direta do imperador e sua família. Além de sua presença imponente em cerimônias e eventos oficiais, eles eram a última linha de defesa contra ameaças internas. Sua lealdade, muitas vezes selada em juramentos solenes, era um compromisso inquebrantável com a pessoa do imperador e a estabilidade do império.

O Imperador como Foco Central

Os Pretorianos, ao contrário das legiões regulares, não eram apenas uma força militar. Eles eram uma instituição que personificava a conexão direta entre o imperador e seu poder. A confiança depositada neles era evidente, e sua presença constante era um lembrete visual do vínculo inseparável entre o líder supremo e sua guarda pessoal.

Impacto Duradouro na História Militar

O legado dos Pretorianos transcendeu as fronteiras do Império Romano. Sua estrutura organizacional e a idéia de uma guarda de elite destinada à proteção direta do líder foram adotadas e adaptadas por muitas sociedades ao longo dos séculos. A influência dos Pretorianos se estendeu para além das fronteiras do império, deixando uma marca indelével na concepção moderna de forças especiais e unidades de elite.

Ao explorarmos a história dos Pretorianos, vislumbramos não apenas uma guarda imperial, mas uma força que moldou a narrativa da lealdade, da disciplina e do papel crucial das forças especiais na manutenção do poder e da estabilidade. Continuemos nossa jornada, onde os Pretorianos se tornam guardiões de um legado que transcende os confins da Roma Antiga.

Em Busca das Origens

Ao desbravar as páginas da história, desde os primórdios das forças especiais até as lendas dos Mirmidões e Pretorianos, mergulhamos em um legado imortal de coragem, disciplina e lealdade. A jornada nos conduziu por campos de batalha e palácios imperiais, revelando como as raízes dessas forças especiais permeiam a essência da guerra e da liderança.

Lições Entrelaçadas na Tapeçaria do Tempo

Nos primórdios, a necessidade de enfrentar desafios únicos gerou as primeiras sementes das tropas especiais. A adaptação e inovação moldaram guerreiros excepcionais capazes de transcender as limitações do conflito convencional. Os Mirmidões personificaram a disciplina inabalável, enquanto os Pretorianos se tornaram os guardiões supremos do poder imperial.

Disciplina, Lealdade e Resiliência

Os Mirmidões, liderados por Aquiles, destacaram-se não somente pela força física, mas pela disciplina que sustentava sua eficácia. A lealdade dos Pretorianos, por sua vez, ultrapassava os limites, estabelecendo uma conexão direta entre a proteção do imperador e a estabilidade do império. Em ambos os casos, a disciplina e a lealdade eram os pilares que sustentavam as forças especiais.

Impacto Duradouro na História Militar

O legado deixado por essas tropas míticas transcendeu as eras, influenciando a concepção moderna de forças especiais. As lições aprendidas nas antigas batalhas de Tróia e nos palácios romanos ecoam nos corredores dos campos de treinamento modernos. A disciplina, a lealdade e a capacidade de enfrentar desafios extraordinários permanecem como valores atemporais nas forças especiais contemporâneas.

Explorando o Elo entre Passado e Futuro

Ao encerrar este capítulo, olhamos para a ponte que conecta o passado ao futuro. As lições dessas tropas míticas são faróis que iluminam o caminho para equipes de alto desempenho na gestão contemporânea. Embarquemos, então, nesta jornada em busca do elo entre as eras, onde as tradições antigas se entrelaçam com os desafios e oportunidades do mundo moderno.

Capítulo 2

"Forjando a Elite: Lições dos Mestres da Guerra"

As Escolas da Elite

Enquanto adentramos o segundo capítulo de nossa jornada, somos levados aos corredores das escolas da elite militar. Aqui, os guerreiros excepcionais são moldados e também são forjadas as lições que permeiam as forças especiais contemporâneas. Vamos explorar os bastidores das academias militares e campos de treinamento que deram origem a algumas das unidades mais formidáveis da história.

A Rigidez do SAS Forjando a Vanguarda Britânica

Do Deserto Norte-Africano às Montanhas do Afeganistão

O SAS (Special Air Service) do Reino Unido emerge como uma força de elite conhecida por sua adaptabilidade a qualquer ambiente. Fundado durante a Segunda Guerra Mundial, o SAS teve um papel crucial em operações no deserto do norte da África, realizando incursões por trás das linhas inimigas. A versatilidade de suas operações é evidente em seu treinamento rigoroso, que inclui técnicas de sobrevivência, navegação e habilidades de combate especializado em diferentes contextos geográficos.

Os candidatos do SAS passam por uma seleção extremamente exigente conhecida como "Teste de Seleção SAS" ou "Fan Dance". Esse teste rigoroso, realizado nas montanhas de Brecon Beacons, desafia os aspirantes em termos de resistência física, mental e habilidades de navegação em terreno acidentado.

A Arte da Sobrevivência dos NAVY SEALs

Da Água para a Terra

Operações Anfíbias e Além

Os Navy SEALs dos Estados Unidos são conhecidos por sua habilidade de transitar fluidamente entre ambientes aquáticos e terrestres. Seu treinamento é extenso e diversificado, incluindo operações anfíbias, mergulho de combate, navegação terrestre, e treinamento de sobrevivência em condições adversas.

Os candidatos a SEAL passam pelo temido e desafiador BUD/S (Basic Underwater Demolition/SEAL) Training, que é um dos treinamentos militares mais difíceis do mundo. Durante o BUD/S, os aspirantes são testados em resistência física, habilidades de mergulho, navegação em águas abertas e operações especiais em diferentes ambientes.

Spetsnaz

A Ferocidade da Elite Russa

Do Treinamento nas Áreas Urbanas às Fronteiras Geladas

As forças especiais russas, conhecidas como Spetsnaz, são notáveis por sua abordagem abrangente que inclui operações urbanas, treinamento de sobrevivência em climas extremos e habilidades de infiltração. Originárias da Guerra Fria, as Spetsnaz são uma resposta russa às unidades de elite ocidentais.

O treinamento das Spetsnaz é intensivo e diversificado. Eles são treinados em combate corpo a corpo, técnicas de sobrevivência, operações de emboscada, e em métodos de infiltração. Além disso, são preparados para operar em ambientes urbanos complexos, tornando-os uma força altamente versátil.

Lições Forjadas no Calor da Batalha

Ao explorarmos as diversas abordagens das forças especiais ao redor do mundo, percebemos que, embora as táticas e ambientes variem, há uma constante: a necessidade de versatilidade, resiliência e comprometimento inabalável com a excelência. O treinamento dessas unidades de elite não apenas forja guerreiros excepcionais, mas também modela as lições cruciais que serão exploradas em nosso caminho rumo à formação de equipes de alto desempenho. Na próxima etapa, mergulharemos nos elementos-chave do treinamento dessas unidades e descobriremos como essas lições podem ser aplicadas em contextos de gestão contemporânea.

Capítulo 3

"Elementos-Chave do Treinamento: Forjando a Coesão e a Resiliência"

O Cerne do Treinamento

À medida que prosseguimos em nossa jornada, adentramos no cerne do treinamento das forças especiais. Este capítulo nos conduz pelos elementos-chave que forjam não apenas guerreiros habilidosos, mas equipes coesas e resilientes. Da coesão nas operações ao desenvolvimento da resiliência em face da adversidade, exploraremos como esses elementos moldam o caráter das forças especiais e, por extensão, como podem ser aplicados em contextos de gestão contemporânea.

Coesão de Equipe: O Elo Indestrutível

Laços que Não se Quebram

A coesão de equipe é mais do que um simples trabalho conjunto; é a construção de laços indestrutíveis entre os membros. Em uma situação prática, pensemos em uma equipe de operações especiais realizando uma missão de resgate em ambiente urbano. Cada membro tem uma função específica, desde o líder que coordena a ação até o especialista em comunicações que mantém a conectividade essencial. O sucesso da missão depende da confiança inabalável que cada membro deposita nos outros, refletindo a coesão forjada no treinamento.

Exercícios de Cooperação

Durante esses exercícios, os membros da equipe podem se deparar com desafios simulados, como resgate em edifícios abandonados ou evacuação de áreas hostis. Cada movimento é coreografado para promover a cooperação e a confiança. Essas situações práticas, muitas vezes baseadas em experiências reais, permitem que a equipe desenvolva uma compreensão profunda das capacidades individuais, fortalecendo os laços que formam a espinha dorsal da coesão.

Desenvolvimento da Resiliência: Enfrentando a Adversidade com Firmeza

Preparação para o Inesperado

A resiliência é testada e cultivada em situações simuladas que replicam os extremos da guerra e das missões especiais. Em um cenário hipotético, imagine uma equipe de forças especiais enfrentando um contra-ataque surpresa enquanto realiza uma operação de reconhecimento. A incerteza, o estresse e a pressão intensa simulam as condições da realidade, desafiando os membros a manterem o foco e a eficácia operacional.

Simulações de Crise

Simulações de crise são vitais para desenvolver resiliência. Os membros da equipe podem ser submetidos a cenários complexos, como uma evacuação de emergência sob fogo inimigo ou uma missão de infiltração em terreno desconhecido. Essas simulações não apenas testam as habilidades técnicas, mas também a capacidade de tomar decisões rápidas e eficientes sob pressão, construindo a resiliência necessária para enfrentar situações inesperadas.

Liderança Adaptativa: Guiando em Meio à Complexidade

O Papel do Líder na Coesão e Resiliência

A liderança adaptativa é exemplificada em situações práticas onde a equipe é confrontada com desafios inesperados. Por exemplo, imagine um líder de equipe de operações especiais lidando com uma falha inesperada nas comunicações durante uma missão. A capacidade desse líder de se adaptar, reorganizar a estratégia e manter a equipe focada é essencial para o sucesso da missão.

Exercícios de Liderança em Condições Extremas

Exercícios específicos desafiam os líderes a guiar em condições extremas. Isso pode incluir simulações de missões complexas, como resgates em ambientes hostis ou evacuações de áreas de combate. A adaptabilidade do líder é constantemente testada e refinada nessas situações, preparando-os para liderar efetivamente em qualquer cenário.

A Sinfonia da Coesão e Resiliência

Ao final deste capítulo, percebemos que a coesão e a resiliência não são apenas aspectos do treinamento das forças especiais, mas sim uma sinfonia intricada que ecoa por cada missão. A capacidade de trabalhar em conjunto, a firmeza diante da adversidade e a liderança adaptativa são elementos-chave que não apenas forjam guerreiros, mas moldam equipes capazes de superar os desafios mais formidáveis. Na próxima etapa, aplicaremos essas lições no contexto da gestão contemporânea, explorando como esses elementos podem ser incorporados para formar equipes de alto desempenho em ambientes corporativos.

Capítulo 4

Contextualização: Importância na Gestão Contemporânea

O Papel Crucial das Equipes de Alto Desempenho

Neste capítulo, adentramos o terreno da gestão contemporânea, onde a dinâmica das organizações está em constante evolução. Exploraremos por que equipes de alto desempenho se tornaram uma necessidade premente, destacando sua influência na inovação, eficácia organizacional e na habilidade de enfrentar os desafios fluidos do mundo corporativo moderno.

A Era da Velocidade e Complexidade Corporativa

Desafios que Exigem Respostas Ágeis

Na gestão contemporânea, as empresas enfrentam desafios cada vez mais dinâmicos e complexos. As mudanças rápidas nos mercados, avanços tecnológicos acelerados e a globalização impõem uma demanda constante por respostas ágeis. Equipes de alto desempenho emergem como catalisadoras essenciais para a agilidade e a capacidade de adaptação, permitindo que as organizações naveguem eficientemente por um cenário de negócios em constante mutação.

Inovação e Criatividade: Motores da Competitividade

A Vantagem Competitiva da Inovação

A gestão contemporânea não apenas exige respostas rápidas, mas também valoriza a inovação e a criatividade como pilares da vantagem competitiva. As equipes de alto desempenho, por sua natureza colaborativa e coesa, tornam-se o terreno fértil para o florescimento de idéias inovadoras. Ao explorarem a diversidade de habilidades e perspectivas, essas equipes se tornam motores impulsionadores da criatividade, crucial para manter a competitividade em mercados saturados.

Eficiência Organizacional e Alcance de Metas Ambiciosas

Desempenho Sustentável a Longo Prazo

A gestão contemporânea está centrada na eficiência operacional e no alcance de metas ambiciosas. As equipes de alto desempenho, por sua capacidade de trabalhar de forma sinérgica, têm um impacto direto na eficácia organizacional. Elas não apenas entregam resultados consistentes, mas também garantem que as metas de longo prazo sejam alcançadas de maneira sustentável, criando uma base sólida para o crescimento contínuo.

Adaptação às Mudanças Organizacionais

Flexibilidade para Enfrentar Mudanças

A gestão contemporânea é caracterizada por mudanças organizacionais frequentes, seja na estrutura, cultura ou nas práticas de trabalho. Equipes de alto desempenho demonstram uma notável flexibilidade para se adaptar a essas mudanças. Sua coesão e resiliência tornam-se ativos valiosos, proporcionando uma transição suave e eficaz durante períodos de transformação organizacional.

O Imperativo das Equipes de Alto Desempenho

À medida que mergulhamos nas águas da gestão contemporânea, fica claro que equipes de alto desempenho não são apenas desejáveis, mas imperativas. Sua capacidade de enfrentar desafios ágeis, impulsionar a inovação, garantir eficiência organizacional e adaptar-se a mudanças constantes assegura que sejam o alicerce fundamental para o sucesso das organizações na era moderna. Na próxima etapa, conectaremos essas considerações ao treinamento das forças especiais, explorando como as lições aprendidas nesse contexto podem ser aplicadas na formação de equipes de alto desempenho no ambiente corporativo contemporâneo.

Capítulo 5

"Desafios na Formação de Equipes: Superando Obstáculos Rumo à Alta Eficiência"

Navegando pelos Desafios da Formação de Equipes

Ao entrar neste capítulo, mergulhamos nos desafios intrínsecos à formação de equipes altamente eficazes. Desde a gestão da diversidade até a superação de barreiras geográficas, exploraremos estratégias para enfrentar esses obstáculos e construir equipes coesas e produtivas.

Diversidade e Colaboração: Força ou Desafio?

Construindo Pontes entre Diferenças

A diversidade é uma força impulsionadora, mas também pode ser um desafio. Em ambientes corporativos contemporâneos, equipes são freqüentemente compostas por membros com experiências, habilidades e perspectivas distintas. A gestão eficaz dessa diversidade é crucial para promover a colaboração. Estratégias incluem programas de sensibilização, treinamentos de inclusão e a criação de espaços onde a diversidade seja celebrada e utilizada como catalisadora para a inovação.

Barreiras Geográficas: Superando a Distância Física

Conectando Mentes, Apesar das Milhas

Equipes distribuídas geograficamente enfrentam o desafio da comunicação eficaz e da coesão. Ferramentas digitais, como videoconferências e plataformas colaborativas online, tornaram-se aliadas cruciais na superação dessas barreiras. Estratégias para a gestão de equipes virtuais incluem estabelecer horários de reunião regulares, promover a transparência na comunicação e garantir que todos os membros se sintam conectados, apesar da distância física.

Conflitos Interpessoais: Transformando Desafios em Oportunidades

Construindo Resiliência nas Relações

Conflitos interpessoais podem surgir em qualquer equipe, mas a chave está na habilidade de transformar esses desafios em oportunidades para o crescimento. Estratégias incluem a promoção de uma cultura aberta para o diálogo, o estabelecimento claro de expectativas e a implementação de processos de resolução de conflitos. Em equipes de alto desempenho, os conflitos são vistos como oportunidades para a inovação e a melhoria contínua.

Mudanças Organizacionais: Adaptando-se à Transformação

Flexibilidade diante das Mudanças

A velocidade das mudanças organizacionais pode ser um obstáculo para a formação de equipes de alto desempenho. Estratégias envolvem a criação de estruturas flexíveis que possam se adaptar rapidamente às mudanças, o fornecimento de treinamento contínuo para capacitar os membros da equipe a enfrentar novos desafios e a comunicação transparente sobre as mudanças iminentes.

Transformando Desafios em Vantagens Competitivas

Ao final deste capítulo, percebemos que os desafios na formação de equipes não são obstáculos intransponíveis, mas oportunidades de crescimento e fortalecimento. Estratégias cuidadosamente desenvolvidas não apenas superam esses desafios, mas os transformam em vantagens competitivas. Na próxima etapa, uniremos essas reflexões aos ensinamentos das forças especiais, explorando como as estratégias utilizadas por essas equipes podem ser adaptadas e aplicadas para superar os desafios comuns na formação de equipes de alto desempenho no ambiente corporativo contemporâneo.

Capítulo 6

"Liderança Efetiva: Inspiração e Motivação nas Forças Especiais"

A Arte da Liderança

Neste capítulo, mergulharemos no mundo da liderança efetiva nas forças especiais. Analisaremos como líderes inspiram e motivam suas equipes, destacando princípios transferíveis para a gestão cotidiana. Da coesão à resiliência, exploraremos as características que fazem dos líderes das forças especiais exemplos notáveis de liderança eficaz.

Inspiração pela Ação: Líderes como Modelos a Serem Seguidos

Exemplificando Valores e Comportamentos

Líderes de forças especiais freqüentemente lideram pelo exemplo. Eles não apenas articulam valores essenciais, mas os incorporam em suas ações diárias. Esse princípio pode ser transferido para a gestão cotidiana, onde líderes corporativos que demonstram integridade, resiliência e ética de trabalho inspiram e motivam suas equipes.

Construindo Confiança: A Base da Coesão

Transparência e Relações de Confiança

A confiança é a cola que mantém equipes unidas. Líderes de forças especiais constroem confiança através da transparência, comunicação aberta e da criação de um ambiente onde os membros da equipe se sintam seguros para expressar suas opiniões. Esses princípios são igualmente aplicáveis na gestão corporativa, onde a confiança é fundamental para o bom funcionamento da equipe.

Motivação em Ambientes Desafiadores

Despertando a Determinação

Ambientes desafiadores são a norma para as forças especiais, e os líderes dessas unidades são habilidosos em motivar suas equipes em meio a adversidades. Esse mesmo princípio pode ser aplicado na gestão, onde líderes motivacionais impulsionam suas equipes a alcançar metas ambiciosas mesmo em cenários desafiadores.

Comunicação Clara e Eficaz

Transmitindo Visão e Objetivos

Líderes de forças especiais são mestres na comunicação clara e eficaz. Eles transmitem a visão da missão de forma inequívoca e garantem que cada membro da equipe compreenda seu papel. Na gestão corporativa, a habilidade de comunicar objetivos de maneira clara e envolvente é essencial para manter a equipe alinhada e motivada.

Princípios Transferíveis para a Liderança

Ao concluir este capítulo, reconhecemos que a liderança efetiva nas forças especiais não é um fenômeno isolado, mas um conjunto de princípios transferíveis para a gestão cotidiana. Desde inspirar pelo exemplo até construir confiança e motivar em ambientes desafiadores, líderes de forças especiais fornecem um modelo inspirador para líderes em todos os contextos. Na próxima etapa, conectaremos essas lições ao treinamento de equipes de alto desempenho, explorando como os princípios de liderança das forças especiais podem ser integrados na formação de líderes corporativos.

Capítulo 7

Comunicação Clara: Desvendando a Importância nos Ambientes de Alta Pressão

O Papel Vital da Comunicação Clara

Neste capítulo, aprofundaremos a importância da comunicação clara em ambientes de alta pressão, como os encontrados nas forças especiais. Exploraremos as estratégias de comunicação direta e eficaz e como essas lições podem ser aplicadas de forma prática na comunicação empresarial, onde a clareza é um pilar para o sucesso.

A Necessidade de Clareza em Ambientes Críticos

Reduzindo o Ruído em Momentos Decisivos

Em ambientes de alta pressão, a comunicação clara é essencial para evitar mal-entendidos e minimizar o risco de erros. Líderes de forças especiais garantem que as informações sejam transmitidas de forma direta e compreensível. Na comunicação empresarial, essa abordagem é igualmente crucial, especialmente em momentos críticos, para garantir que as mensagens sejam recebidas e compreendidas da maneira pretendida.

O Poder da Comunicação Concisa

Transmitindo Informações de Forma Eficiente

Em missões críticas, cada palavra conta. A comunicação nas forças especiais é caracterizada pela concisão e clareza, garantindo que as informações essenciais sejam transmitidas de maneira eficiente. No mundo corporativo, a habilidade de comunicar de forma concisa é uma ferramenta valiosa, permitindo uma troca de informações mais rápida e eficaz, especialmente em situações de tomada de decisões rápidas.

Adaptação da Mensagem ao Público-Alvo

Entendendo a Relevância para Diferentes Audiências

Líderes de forças especiais adaptam sua comunicação para atender às necessidades específicas de diferentes audiências. Essa abordagem é crucial no mundo empresarial, onde a comunicação eficaz requer a compreensão das características e necessidades de diversos stakeholders. Adaptar a mensagem ao público-alvo é essencial para garantir que a informação seja relevante e impactante.

Transparência e Confiança na Comunicação

Construindo uma Base de Confiança

Em ambientes de alta pressão, a transparência é uma pedra angular da comunicação eficaz. Líderes de forças especiais compartilham informações de forma aberta para construir confiança entre os membros da equipe. Essa prática é transferível para o ambiente empresarial, onde a comunicação transparente fortalece os laços entre líderes e suas equipes, criando uma base sólida de confiança.

Aplicando as Lições da Comunicação Clara nos Negócios

Ao encerrar este capítulo, compreendemos que a comunicação clara não é apenas uma necessidade em ambientes de alta pressão, mas uma habilidade transferível com impacto significativo nos negócios. A clareza na comunicação é uma ferramenta poderosa para evitar mal-entendidos, agilizar processos e construir confiança, elementos essenciais para o sucesso em qualquer empreendimento. Nas próximas etapas, conectaremos essas práticas de comunicação ao treinamento de equipes de alto desempenho, explorando como a clareza na comunicação pode ser integrada para fortalecer a eficácia e a coesão da equipe.

Capítulo 8

Resiliência e Adaptação: Navegando pelas Situações Imprevisíveis

A Necessidade de Resiliência e Adaptação

Neste capítulo, exploraremos como as equipes lidam com situações imprevisíveis, destacando a importância da resiliência e adaptação. As forças especiais oferecem um terreno fértil para aprendermos como enfrentar o inesperado, e as lições extraídas serão aplicadas para ilustrar a relevância desses princípios nas organizações.

Resiliência como Pilar da Força Mental

Enfrentando Desafios sem Quebrar

Em situações imprevisíveis, a resiliência é um pilar fundamental para manter a estabilidade mental. Membros de forças especiais são treinados para enfrentar desafios extremos sem quebrar, mantendo o foco e a eficácia operacional. Essa mentalidade resiliente é transferível para organizações, onde a capacidade de superar adversidades sem perder a orientação é vital para o sucesso a longo prazo.

Adaptação Contínua às Mudanças

Flexibilidade Diante da Incerteza

Situações imprevisíveis freqüentemente demandam adaptação contínua. Equipes de forças especiais são notáveis por sua habilidade em se ajustar rapidamente às mudanças de cenário, estratégia ou missão. A flexibilidade diante da incerteza é uma lição valiosa para organizações, incentivando uma cultura que valoriza a adaptação contínua como uma estratégia para enfrentar desafios inesperados.

Aprendizado Iterativo a Partir de Experiências

Crescendo com Cada Desafio

Em forças especiais, cada missão é uma oportunidade de aprendizado. As equipes revisam e aprimoram suas abordagens após cada experiência, utilizando o aprendizado iterativo para se tornarem mais eficazes. Nas organizações, a aplicação de uma mentalidade de aprendizado contínuo permite que as equipes cresçam com cada desafio, transformando as experiências adversas em oportunidades de melhoria.

Construindo Equipas de Alta Performance através da Adversidade

Fortalecendo os Laços em Tempos Difíceis

Situações imprevisíveis podem testar a coesão da equipe. No entanto, em forças especiais, a adversidade muitas vezes fortalece os laços entre os membros. Nas organizações, a capacidade de construir equipes de alta performance em meio à adversidade é uma vantagem estratégica, permitindo que a coesão da equipe seja reforçada mesmo diante de desafios imprevistos.

A Resiliência e Adaptação como Estratégias de Longo Prazo

Ao concluir este capítulo, reconhecemos que a resiliência e a adaptação não são apenas respostas temporárias a situações imprevisíveis, mas estratégias de longo prazo para enfrentar os desafios em constante evolução. As lições aprendidas com as forças especiais oferecem insights valiosos sobre como construir organizações que não apenas sobrevivem, mas prosperam diante do inesperado. Nas próxima etapas, integraremos essas práticas de resiliência e adaptação ao treinamento de equipes de alto desempenho, explorando como esses princípios podem ser incorporados para fortalecer a capacidade das equipes de enfrentar o inesperado.

Capítulo 9

Treinamento Intenso: Forjando Habilidades Individuais e Coletivas

A Importância do Treinamento Rigoroso

Neste capítulo, aprofundaremos o papel do treinamento intensivo na construção de habilidades individuais e coletivas. Inspirados pelo treinamento exigente das forças especiais, exploraremos como abordagens similares podem ser aplicadas para o desenvolvimento profissional contínuo, tanto no nível individual quanto no coletivo.

Desenvolvimento Individual Através do Desafio Pessoal

Superando Limites Pessoais

O treinamento intensivo nas forças especiais desafia os limites individuais, forçando os membros a superar obstáculos físicos e mentais. Essa abordagem é transferível para o desenvolvimento profissional, onde desafios pessoais estimulam o crescimento individual. Ao enfrentar tarefas desafiadoras, os profissionais podem desenvolver habilidades específicas e fortalecer a resiliência.

Simulações Realistas para Coesão de Equipe

Forjando Laços Duradouros

O treinamento intensivo em forças especiais freqüentemente inclui simulações realistas de situações de combate. Essas simulações não apenas aprimoram as habilidades técnicas, mas também fortalecem a coesão da equipe. Nas organizações, simulações corporativas realistas podem ser utilizadas para melhorar a colaboração, a comunicação e a resolução de problemas, criando equipes mais coesas e eficazes.

Ciclos de Treinamento Contínuo para Atualização de Habilidades

Evolução Constante

Membros de forças especiais participam de ciclos de treinamento contínuo para manterem-se atualizados e adaptados às mudanças no ambiente operacional. Essa abordagem é aplicável ao desenvolvimento profissional, onde a aprendizagem contínua e a atualização de habilidades são essenciais para se manter relevante em ambientes corporativos dinâmicos.

Mentoria e Aprendizado Intergeracional

Transmissão de Conhecimento

Nas forças especiais, a mentoria desempenha um papel crucial na transmissão de conhecimento e experiência. Nas organizações, a criação de programas de mentoria promove a transferência de habilidades e conhecimentos entre as gerações de profissionais, contribuindo para o desenvolvimento contínuo da equipe.

Cultivando uma Cultura de Desenvolvimento Contínuo

Ao finalizar este capítulo, compreendemos que o treinamento intensivo não é apenas um evento isolado, mas uma mentalidade que permeia toda a cultura organizacional. Ao aplicarmos abordagens similares ao desenvolvimento profissional, cultivamos uma cultura de aprendizado contínuo e evolução, preparando indivíduos e equipes para enfrentar desafios e oportunidades em constante mudança. Nas próximas etapas, exploraremos como integrar essa cultura de desenvolvimento contínuo ao treinamento de equipes de alto desempenho, garantindo que a busca pela excelência seja uma jornada constante.

Capítulo 10

Cultura de Equipe

Construindo Fundamentos para o Alto Desempenho

A Importância da Cultura de Equipe

Neste capítulo, exploraremos como criar e manter uma cultura coesa que promova confiança e colaboração - elementos essenciais para o sucesso de equipes de alto desempenho. Inspirados pelas dinâmicas das forças especiais, analisaremos como esses princípios podem ser aplicados em ambientes corporativos para fortalecer os alicerces de uma equipe.

Construção de Confiança: A Base da Cultura de Equipe

Fomentando Relações de Confiança

A confiança é um pilar fundamental em equipes de alto desempenho. Nas forças especiais, a confiança é cultivada através de experiências compartilhadas, transparência e apoio mútuo. Nas organizações, fomentar relações de confiança requer liderança autêntica, comunicação aberta e a promoção de um ambiente onde os membros da equipe se sintam seguros para expressar idéias e preocupações.

Colaboração como Catalisadora de Inovação

Potencializando a Inteligência Coletiva

Equipes de alto desempenho nas forças especiais valorizam a colaboração como uma fonte de inovação. A diversidade de habilidades e perspectivas é explorada para encontrar soluções criativas. Nas organizações, promover a colaboração significa criar espaços para o compartilhamento de idéias, reconhecendo a importância da inteligência coletiva na resolução de problemas complexos.

Compartilhamento de Metas e Visão Comum

Alinhamento de Propósito

Em equipes de forças especiais, cada membro compreende claramente as metas e a visão da missão. Isso promove um alinhamento de propósito, essencial para a coesão da equipe. Da mesma forma, nas organizações, o compartilhamento de metas e uma visão comum são cruciais para garantir que todos os membros estejam trabalhando na mesma direção.

Reconhecimento e Celebração de Conquistas Coletivas

Fortalecendo a Identidade da Equipe

Celebrar conquistas coletivas fortalece a identidade da equipe. Nas forças especiais, o reconhecimento é uma parte integrante da cultura. Nas organizações, reconhecer e celebrar conquistas coletivas cria um ambiente positivo, incentivando o comprometimento e a dedicação dos membros da equipe.

Sustentando uma Cultura de Alto Desempenho

Ao finalizar este capítulo, compreendemos que a cultura de equipe não é apenas um aspecto superficial, mas um conjunto de valores e práticas que permeiam toda a organização. Inspirados pelos princípios das forças especiais, podemos moldar uma cultura que não apenas promova alto desempenho, mas também crie um ambiente onde os membros da equipe se sintam valorizados e motivados. Nas próximas etapas, exploraremos como incorporar esses elementos culturais ao treinamento de equipes, garantindo que a coesão e o alto desempenho estejam enraizados na identidade da equipe.

Capítulo 11

Tomada de Decisões Rápidas: Estratégias para Ambientes de Pressão

A Importância da Tomada de Decisões Rápidas

Neste capítulo, aprofundaremos como as equipes lidam com decisões cruciais em momentos críticos, explorando estratégias aplicáveis à gestão de crises empresariais. Inspirados pela agilidade das forças especiais, analisaremos como essas estratégias podem ser incorporadas para garantir tomadas de decisões rápidas e eficazes em ambientes de pressão.

Claridade de Propósito na Tomada de Decisões

Foco na Missão

Em momentos críticos, a claridade de propósito é essencial para a tomada de decisões rápidas. Nas forças especiais, o foco na missão guia as escolhas em ambientes de pressão. Da mesma forma, nas crises empresariais, a definição clara dos objetivos permite uma tomada de decisões alinhada com os objetivos organizacionais.

Análise Rápida de Informações Relevantes

Eficiência na Avaliação de Dados

Equipes de forças especiais são treinadas para analisar rapidamente informações relevantes e tomar decisões informadas. Nas organizações, a habilidade de avaliar dados de forma eficiente é crucial. Estratégias como a implementação de sistemas de informação ágeis e a promoção de uma cultura de análise crítica facilitam uma tomada de decisões baseada em informações precisas.

Flexibilidade para Mudar de Curso Rapidamente

Adaptação a Cenários em Evolução

Em ambientes de pressão, a capacidade de mudar de curso rapidamente é uma vantagem. Forças especiais são conhecidas por sua flexibilidade em se adaptar a cenários em evolução. Da mesma forma, na gestão de crises empresariais, a flexibilidade é crucial. Estratégias ágeis e planos de contingência bem desenvolvidos permitem uma resposta rápida a mudanças inesperadas.

Distribuição de Autoridade e Responsabilidade

Empoderamento para Tomar Decisões

Nas forças especiais, a distribuição de autoridade permite que membros da equipe tomem decisões cruciais em suas áreas de especialização. Nas organizações, a delegação eficaz de responsabilidades e autoridade é fundamental para a tomada de decisões rápidas. Empoderar os membros da equipe para agir rapidamente em suas áreas de competência contribui para uma resposta ágil em situações críticas.

Estratégias Integradas para a Tomada de Decisões Sob Pressão

Ao concluir este capítulo, compreendemos que a tomada de decisões rápidas é uma habilidade crítica em ambientes de pressão, seja no campo de batalha ou nos negócios. Integrando estratégias inspiradas pelas forças especiais, as organizações podem aprimorar sua capacidade de tomar decisões ágeis e eficazes em momentos cruciais. Nas próximas etapas, exploraremos como incorporar essas estratégias ao treinamento de equipes, garantindo que a tomada de decisões sob pressão seja uma competência cultivada e aprimorada continuamente.

Capitulo12

Treinamento Integrado de Equipes de Alto Desempenho

Nesta fase, avançaremos para o treinamento integrado de equipes de alto desempenho, incorporando os princípios e estratégias explorados nos capítulos anteriores. O objetivo é proporcionar uma experiência prática que fortaleça a coesão da equipe, desenvolva habilidades individuais e coletivas, e promova uma cultura de alto desempenho.

Simulações de Missões e Exercícios Práticos:

• Desenvolver simulações realistas que desafiem as equipes a aplicar os princípios aprendidos em situações práticas.

• Integrar exercícios específicos para promover a comunicação clara, tomada de decisões rápidas e trabalho colaborativo sob pressão.

Treinamento Focado em Habilidades Individuais e Coletivas:

• Implementar programas de treinamento intensivo que foquem no desenvolvimento contínuo das habilidades individuais, como liderança, resiliência e capacidade de adaptação.

- Incluir treinamentos que fortaleçam as habilidades coletivas, como trabalho em equipe, colaboração e resolução de problemas em grupo.

Mentoria e Aprendizado Intergeracional:

- Estabelecer programas de mentoria que facilitem a transferência de conhecimento entre membros mais experientes e novos integrantes da equipe.

- Incentivar a troca de experiências e perspectivas, promovendo um ambiente de aprendizado contínuo.

Fomento da Cultura de Equipe:

- Realizar atividades que fortaleçam a confiança, como dinâmicas de grupo e atividades de construção de equipe.

- Promover a colaboração e o compartilhamento de metas através de workshops e eventos que destaquem a importância de uma visão comum.

Treinamento em Tomada de Decisões Sob Pressão:

- Simular situações de crise empresarial para que as equipes pratiquem a tomada de decisões rápidas e eficazes.

- Integrar exercícios que enfatizem a análise rápida de informações relevantes e a flexibilidade para se adaptar a cenários em evolução.

Avaliação Contínua e Feedback Construtivo:

- Implementar sistemas de avaliação contínua para monitorar o progresso individual e da equipe.

- Fornecer feedback construtivo para incentivar o aprimoramento contínuo e a aplicação prática dos conceitos aprendidos.

Essa etapa não apenas consolidará os conhecimentos adquiridos, mas também permitirá que a equipe desenvolva as habilidades e atitudes necessárias para enfrentar desafios reais. Ao integrar o treinamento de equipes de alto desempenho de maneira holística, as organizações estarão melhor preparadas para alcançar a excelência operacional e se destacar em ambientes dinâmicos.

Capitulo 13

Aplicação Prática em Cenários Empresariais

Nesta fase, concentraremos nossos esforços na aplicação prática dos conhecimentos e habilidades adquiridos em cenários empresariais reais. O foco será na adaptação dos princípios aprendidos para resolver desafios específicos da organização. Abordaremos:

Mapeamento de Desafios Organizacionais:

• Identificar desafios específicos enfrentados pela organização.

• Analisar como as estratégias e princípios aprendidos podem ser aplicados para superar esses desafios.

Desenvolvimento de Planos de Ação:

• Elaborar planos de ação adaptados aos desafios identificados.

• Integrar os conceitos de liderança, trabalho em equipe, tomada de decisões e resiliência nos planos.

Implementação em Ambientes de Trabalho:

- Introduzir gradualmente as práticas e mudanças derivadas do treinamento nas operações diárias.

- Monitorar a aceitação e eficácia das mudanças implementadas.

Avaliação de Impacto:

- Medir o impacto das adaptações e mudanças no ambiente de trabalho.

- Coletar feedback dos colaboradores para avaliar a eficácia das iniciativas implementadas.

Iteração e Melhoria Contínua:

- Identificar áreas de melhoria com base na avaliação de impacto.

- Iterar nos planos de ação para otimizar a aplicação prática dos princípios aprendidos.

Desenvolvimento de uma Cultura Organizacional Duradoura:

- Fomentar uma cultura que valorize a aprendizagem contínua, a inovação e a busca pela excelência.

- Integrar os princípios de trabalho em equipe, liderança e resiliência na identidade organizacional.

Este tópico visa garantir que as lições aprendidas durante o treinamento se traduzam em melhorias tangíveis nos processos e resultados da organização. Ao aplicar os conhecimentos de forma adaptada e estratégica, a equipe estará preparada para enfrentar os desafios específicos do ambiente empresarial, promovendo uma cultura de alto desempenho e excelência.

Capítulo 14

Aprendizado Contínuo e Evolução Organizacional

Nesta fase, concentraremos nossos esforços no estabelecimento de práticas de aprendizado contínuo e na promoção da evolução constante da organização. Este tópico abordará:

Criação de Programas de Desenvolvimento Profissional:

• Implementar programas contínuos de treinamento e desenvolvimento para todos os níveis da organização.

• Incluir workshops, seminários e cursos que abordem tópicos relevantes para as necessidades em evolução da organização.

Fomento de Compartilhamento de Conhecimento:

• Estabelecer plataformas e práticas que facilitem o compartilhamento eficiente de conhecimento entre os membros da equipe.

• Incentivar a criação de comunidades de prática para troca de experiências e insights.

Integração de Novas Práticas Organizacionais:

•   Avaliar continuamente as tendências do setor e as melhores práticas.

•   Integrar de maneira ágil e eficaz novas abordagens e tecnologias que possam beneficiar a organização.

Feedback e Avaliação Contínua:

•   Estabelecer um sistema robusto de feedback que envolva todos os membros da organização.

•   Utilizar avaliações regulares para identificar áreas de melhoria e oportunidades de crescimento.

Cultura de Inovação e Experimentação:

•   Promover uma cultura que encoraje a inovação e a experimentação.

•   Incentivar os colaboradores a buscar soluções criativas para os desafios organizacionais.

Liderança Exemplar:

•   Desenvolver programas de liderança que capacitem os líderes a promover uma cultura de aprendizado contínuo.

•   Modelar o comportamento de aprendizado ativo, demonstrando a importância do crescimento constante.

Adaptação a Mudanças Externas:

• Monitorar continuamente o ambiente externo em busca de mudanças no mercado, tecnologia e regulamentações.

• Desenvolver estratégias ágeis para se adaptar a essas mudanças de maneira proativa.

Este tópico visa estabelecer uma mentalidade de aprendizado contínuo e garantir que a organização esteja sempre se adaptando e evoluindo. Ao priorizar o desenvolvimento profissional, a inovação e a adaptação às mudanças, a organização estará melhor posicionada para enfrentar os desafios em constante evolução do ambiente empresarial.

Capitulo 15

Mensuração de Resultados e Avaliação de Impacto

Nesta etapa, focaremos na mensuração de resultados e na avaliação de impacto das iniciativas implementadas. Isso garantirá que a organização tenha uma compreensão clara de como as mudanças afetaram seus objetivos e onde é possível realizar melhorias. Abordaremos:

Definição de Indicadores-Chave de Desempenho (KPIs):

• Identificação e estabelecimento de KPIs alinhados aos objetivos estratégicos da organização.

• Inclusão de indicadores que reflitam a eficácia das práticas de alto desempenho e aprendizado contínuo.

Coleta de Dados

• Implementação de sistemas eficientes para coleta de dados relacionados aos KPIs definidos.

• Utilização de ferramentas de análise e métricas para obter insights detalhados.

Análise de Resultados

- Análise detalhada dos dados coletados para avaliar o desempenho da organização.

- Comparação dos resultados obtidos com as metas estabelecidas.

Feedback dos Colaboradores

- Coleta de feedback dos colaboradores sobre as mudanças implementadas.

- Realização de pesquisas, entrevistas ou grupos focais para entender a percepção e a experiência da equipe.

Ajustes e Otimizações

- Com base na análise de resultados e no feedback dos colaboradores, realizar ajustes nas práticas e estratégias implementadas.

- Buscar otimizações contínuas para melhorar a eficácia das iniciativas.

Relatório de Impacto

- Elaboração de um relatório abrangente que destaque os resultados alcançados e as mudanças perceptíveis.

- Compartilhamento dessas informações com toda a organização para promover a transparência e o reconhecimento dos esforços.

Criação de um Ciclo de Avaliação Contínua

• Estabelecimento de um ciclo contínuo de avaliação e ajuste com base nos resultados e nas necessidades em evolução da organização.

• Integração da mensuração de resultados como parte integral da cultura organizacional.

Este tópico visa garantir que a organização esteja sempre alinhada com seus objetivos, utilizando dados concretos para orientar decisões futuras e promover uma cultura de melhoria contínua.

Capitulo 16

Sustentação e Continuidade

Nesta fase, abordaremos estratégias para sustentar os ganhos obtidos e manter a evolução contínua. A continuidade das práticas de alto desempenho e aprendizado contínuo requer um comprometimento a longo prazo. Abordaremos:

Criação de Estruturas de Suporte

• Estabelecimento de estruturas organizacionais que apóiem e promovam as práticas de alto desempenho.

• Designação de responsabilidades específicas para garantir a continuidade das iniciativas.

Desenvolvimento de Líderes como Mentores

• Capacitação de líderes para atuarem como mentores, promovendo uma cultura de aprendizado contínuo.

• Incentivo à transmissão de conhecimento e experiência entre líderes e membros da equipe.

Incorporação nos Processos de Recursos Humanos

- Integração das práticas de alto desempenho nos processos de recrutamento, treinamento e desenvolvimento de recursos humanos.

- Garantia de que novos membros da equipe se alinhem à cultura organizacional estabelecida.

Programas de Reconhecimento e Recompensas

- Implementação de programas que reconheçam e recompensem contribuições para a cultura de alto desempenho e aprendizado contínuo.

- Inclusão de incentivos que promovam a excelência individual e em equipe.

Comunicação Contínua

- Manutenção de uma comunicação transparente sobre os progressos e objetivos da organização.

- Realização de reuniões regulares para alinhar a equipe e fornecer atualizações sobre iniciativas futuras.

Monitoramento do Clima Organizacional

- Implementação de ferramentas de monitoramento do clima organizacional para identificar qualquer desafio emergente.

- Intervenção proativa em questões que possam impactar a cultura organizacional.

Avaliação Periódica da Eficácia

- Realização de avaliações periódicas para medir a eficácia das práticas de sustentação.

- Ajuste constante das estratégias com base nos resultados dessas avaliações.

Este tópico visa assegurar que as práticas de alto desempenho e aprendizado contínuo se tornem parte intrínseca da cultura organizacional, garantindo a sustentação dos esforços e a evolução constante ao longo do tempo.

Capitulo 17

Expansão e Replicação do Modelo

Nesta fase, exploraremos como expandir e replicar com sucesso o modelo de equipes de alto desempenho e aprendizado contínuo para outras áreas ou unidades da organização. Abordaremos:

Identificação de Oportunidades de Expansão

• Avaliação de áreas ou departamentos que se beneficiariam da implementação do modelo.

• Identificação de oportunidades específicas para replicar as práticas bem-sucedidas.

Adaptação do Modelo para Diversos Contextos

• Modificação e adaptação do modelo para atender às necessidades e peculiaridades de diferentes áreas ou unidades.

• Consideração das nuances culturais e operacionais de cada contexto.

Treinamento e Capacitação

• Desenvolvimento de programas de treinamento para introduzir os princípios do modelo em novas equipes.

- Capacitação de líderes e membros da equipe para garantir uma implementação eficaz.

Compartilhamento de Experiências Bem-Sucedidas

- Criação de canais de comunicação para compartilhar experiências e aprendizados entre as diferentes áreas.

- Promoção de uma cultura organizacional coesa e interconectada.

Feedback Iterativo

- Coleta de feedback contínuo durante a expansão para identificar pontos de melhoria.

- Ajuste constante do modelo com base no feedback recebido.

Monitoramento de Indicadores de Desempenho

- Estabelecimento de indicadores de desempenho específicos para cada área.

- Monitoramento constante para avaliar o impacto e a eficácia do modelo expandido.

Reconhecimento e Celebração de Conquistas

- Reconhecimento público das equipes que adotam e alcançam sucesso com o modelo.

- Celebração das conquistas individuais e coletivas alcançadas por meio da implementação.

Essa fase busca garantir que o sucesso do modelo seja replicado de maneira eficaz em diferentes partes da organização, promovendo uma cultura unificada de alto desempenho e aprendizado contínuo.

Capitulo 18

Adaptação a Desafios Futuros e Inovação Contínua

Nesta etapa, abordaremos como a organização pode se adaptar a desafios futuros e manter uma mentalidade de inovação contínua. Isso envolve a antecipação de mudanças no ambiente de negócios e a preparação para evoluir de acordo com as demandas emergentes. Abordaremos:

Análise de Tendências e Mudanças no Ambiente de Negócios:

• Monitoramento constante de tendências e mudanças no mercado e na indústria.

• Análise de como essas mudanças podem impactar a organização e suas práticas.

Fomento à Cultura de Inovação

• Estímulo à geração de idéias inovadoras em todos os níveis da organização.

• Criação de espaços para a experimentação e implementação de novas abordagens.

Desenvolvimento de Capacidades de Adaptação

• Promoção de treinamentos e programas que desenvolvam a capacidade da equipe de se adaptar rapidamente a mudanças.

• Incentivo à flexibilidade e resiliência em face de desafios imprevistos.

Estabelecimento de Parcerias Estratégicas

• Exploração de parcerias estratégicas que possam trazer novas perspectivas e recursos para a organização.

• Colaboração com outras empresas, instituições acadêmicas e organizações para impulsionar a inovação.

Investimento em Tecnologias Emergentes

• Avaliação e implementação de tecnologias emergentes que possam melhorar a eficiência e a eficácia organizacional.

• Integração de soluções tecnológicas alinhadas aos objetivos da organização.

Promoção de Aprendizado Contínuo

• Continuidade dos programas de treinamento e desenvolvimento para manter a equipe atualizada.

• Estímulo à busca constante por novos conhecimentos e habilidades relevantes.

Avaliação de Riscos e Preparação para Contingências:

- Identificação proativa de potenciais riscos e vulnerabilidades.

- Desenvolvimento de planos de contingência para lidar com situações adversas.

Este tópico visa garantir que a organização esteja preparada para enfrentar desafios futuros, mantendo uma cultura de inovação e aprendizado contínuo que a posicione de maneira resiliente no mercado.

Capitulo 19

Legado e Impacto Sustentável

Nesta fase, exploraremos como consolidar o legado das práticas de alto desempenho e aprendizado contínuo, garantindo um impacto sustentável a longo prazo. Isso envolve a criação de uma base sólida que perdure mesmo após mudanças na liderança ou no ambiente organizacional. Abordaremos:

Incorporação nos Valores Organizacionais

• Garantia de que os princípios de alto desempenho e aprendizado contínuo estejam incorporados aos valores fundamentais da organização.

• Criação de um compromisso duradouro com esses princípios.

Documentação e Transmissão de Conhecimento

• Criação de manuais, documentos e recursos que capturem as práticas-chave e os aprendizados da jornada.

• Estabelecimento de processos para transmitir esse conhecimento a novas gerações de colaboradores.

Programas de Sucessão

- Desenvolvimento de programas de sucessão que identifiquem e preparem líderes para assumir papéis-chave.

- Transferência gradual de responsabilidades e conhecimentos para garantir uma transição suave.

Métricas de Longo Prazo

- Estabelecimento de métricas de longo prazo que avaliem o impacto contínuo das práticas implementadas.

- Monitoramento do legado organizacional ao longo do tempo.

Reconhecimento de Contribuições Individuais

- Reconhecimento e celebração das contribuições individuais para o desenvolvimento da cultura de alto desempenho.

- Criação de prêmios ou honrarias que destaquem o comprometimento e a dedicação.

Engajamento da Comunidade Organizacional

- Promoção do envolvimento e participação ativa de todos os membros da comunidade organizacional na preservação da cultura.

- Incentivo à continuidade do compromisso com os princípios estabelecidos.

Avaliação Periódica do Legado

• Realização de avaliações periódicas para verificar a eficácia das estratégias de preservação do legado.

• Ajuste constante das abordagens com base nos resultados dessas avaliações.

Este tópico visa assegurar que o impacto das práticas de alto desempenho e aprendizado contínuo seja duradouro, formando um legado que contribua positivamente para o futuro da organização.

Capitulo 20

Reflexão e Renovação Constante

Nesta fase, exploraremos a importância da reflexão constante e da renovação para manter a vitalidade da cultura de alto desempenho e aprendizado contínuo. Isso inclui práticas que permitem à organização se adaptar a novos contextos e desafios. Abordaremos:

Avaliação da Relevância Contínua

• Realização de avaliações periódicas para determinar a relevância contínua dos princípios de alto desempenho.

• Adaptação e ajuste conforme as necessidades do ambiente de negócios evoluem.

Fóruns de Discussão e Feedback

• Estabelecimento de fóruns regulares para discussão aberta e coleta de feedback.

• Incentivo à expressão de idéias inovadoras e sugestões para melhorias.

Programas de Inovação Interna

• Implementação de programas que incentivem a inovação interna.

- Criação de canais para colaboradores compartilharem idéias disruptivas.

Desenvolvimento de Novas Metodologias

- Exploração de novas metodologias e abordagens de alto desempenho.

Incentivo à Aprendizagem Contínua

- Promoção de uma cultura que valorize a aprendizagem constante.

- Apoio ativo ao desenvolvimento de habilidades relevantes para os desafios emergentes.

Flexibilidade nas Práticas Organizacionais

- Adoção de uma abordagem flexível em relação às práticas organizacionais.

- Capacidade de ajustar políticas e procedimentos conforme necessário.

Celebrar Conquistas e Marcos

- Reconhecimento e celebração de conquistas significativas ao longo do caminho.

- Reforço positivo para manter o engajamento e o entusiasmo da equipe.

Este tópico enfatiza a importância da reflexão, adaptação e renovação constante para garantir que a cultura de alto desempenho permaneça dinâmica e alinhada com os objetivos organizacionais em constante evolução.

Capítulo 21

A Jornada de Transformação Organizacional

Nesta fase final, abordaremos a jornada de transformação organizacional como um todo, destacando os pontos-chave e aprendizados ao longo do processo. Isso incluirá:

Narrativa da Transformação

• Criação de uma narrativa que conte a história da transformação organizacional.

• Destaque dos marcos, desafios superados e sucessos ao longo da jornada.

Impacto nos Resultados Organizacionais

• Avaliação do impacto da transformação nos resultados financeiros, operacionais e de satisfação dos clientes.

• Comparação de métricas antes e depois da implementação das práticas de alto desempenho e aprendizado contínuo.

Depoimentos e Casos de Sucesso

- Coleta de depoimentos de colaboradores que vivenciaram a transformação.

- Destaque de casos de sucesso que ilustrem a eficácia das práticas implementadas.

Lições Aprendidas

- Identificação e documentação das lições aprendidas ao longo da jornada.

- Reflexão sobre desafios superados e como esses desafios contribuíram para o crescimento organizacional.

Reconhecimento e Agradecimento

- Reconhecimento e agradecimento a todos os envolvidos na transformação.

- Destaque para o esforço coletivo e a dedicação individual.

Visão para o Futuro

- Apresentação da visão para o futuro da organização após a transformação.

- Definição de metas e aspirações que continuem impulsionando o crescimento e a inovação.

Engajamento Contínuo

- Estabelecimento de estratégias para manter o engajamento e a motivação da equipe.

- Incentivo à continuidade do compromisso com a cultura de alto desempenho e aprendizado contínuo.

Essa fase conclui a jornada, proporcionando uma visão abrangente da transformação organizacional. Ela destaca não apenas os resultados tangíveis, mas também o impacto nas pessoas e na cultura da organização, consolidando a transformação como parte integrante da identidade e do futuro da organização.

Capitulo 22

Após concluir a jornada de transformação organizacional, o próximo passo seria focar na implementação contínua das práticas estabelecidas, na monitorização dos resultados e na adaptação constante às mudanças no ambiente de negócios. Isso pode envolver:

Implementação Contínua

• Assegurar que as práticas de alto desempenho e aprendizado contínuo sejam parte integrante dos processos diários.

• Garantir que os novos membros da equipe sejam incorporados à cultura organizacional desde o início.

Monitoramento de Indicadores-Chave

• Continuar monitorando os indicadores-chave de desempenho estabelecidos durante a transformação.

• Realizar avaliações regulares para garantir que a organização esteja no caminho certo em relação aos seus objetivos.

Aprimoramento Contínuo

• Identificar oportunidades de melhoria com base no feedback contínuo e nas avaliações de desempenho.

- Iterar sobre as práticas existentes para garantir que permaneçam alinhadas às necessidades e metas organizacionais.

Desenvolvimento Profissional Contínuo

- Manter programas de desenvolvimento profissional para garantir que a equipe esteja constantemente aprimorando suas habilidades.

- Explorar novas tendências e tecnologias relevantes para a indústria.

Criação de uma Cultura de Inovação

- Continuar promovendo uma cultura de inovação, incentivando a experimentação e a busca por soluções criativas.

- Explorar oportunidades para implementar tecnologias emergentes e práticas inovadoras.

Engajamento da Comunidade

- Fomentar o engajamento contínuo da comunidade organizacional na preservação e evolução da cultura estabelecida.

- Incentivar a colaboração e o compartilhamento de conhecimento entre os membros da equipe.

Adaptação a Mudanças Externas

- Manter-se atento a mudanças no ambiente externo que possam impactar a organização.

- Desenvolver estratégias ágeis para se adaptar proativamente a essas mudanças.

Essa fase pós-transformação é marcada pela consolidação dos ganhos obtidos e pela busca contínua pela excelência organizacional. Permanecer ágil, adaptável e orientado para o aprendizado contínuo é essencial para garantir que a organização continue evoluindo e se destacando em um ambiente de negócios dinâmico.

Capitulo23

Após a implementação contínua das práticas estabelecidas e a consolidação dos ganhos, o ciclo de melhoria e evolução organizacional pode continuar com várias abordagens:

Inovação e Pesquisa de Vanguarda

- Investir em programas de pesquisa e desenvolvimento para se manter na vanguarda da inovação.

- Explorar novas tecnologias, métodos e estratégias que possam proporcionar vantagens competitivas.

Expansão para Novos Mercados ou Setores

- Avaliar oportunidades de expansão para novos mercados ou setores.

- Aplicar as práticas de alto desempenho e aprendizado contínuo em contextos diferentes e adaptar conforme necessário.

Parcerias Estratégicas e Fusões

- Buscar parcerias estratégicas e fusões que possam fortalecer a posição da organização no mercado.

- Integrar novos elementos culturais e práticas, aproveitando o melhor de cada entidade.

Sustentabilidade e Responsabilidade Social

• Incorporar práticas sustentáveis e responsabilidade social nas operações da organização.

• Demonstrar um compromisso contínuo com a ética, a responsabilidade ambiental e social.

Desenvolvimento de Liderança e Sucessão

• Continuar investindo no desenvolvimento de liderança e programas de sucessão.

• Garantir uma liderança sólida e preparada para assumir papéis estratégicos à medida que a organização evolui.

Adoção de Modelos de Negócios Inovadores

• Explorar novos modelos de negócios que possam trazer eficiências operacionais e maior valor para os clientes.

• Estar atento a mudanças nas expectativas do cliente e nas tendências de mercado.

Cultura de Melhoria Contínua

• Estabelecer uma cultura organizacional que valorize a melhoria contínua em todos os aspectos.

• Incentivar a inovação bottom-up, onde as ideias e sugestões dos colaboradores são valorizadas.

Essa fase pós-implementação contínua representa um ciclo constante de avaliação, adaptação e crescimento.

Ao manter uma mentalidade ágil, orientada para o aprendizado contínuo e aberta à inovação, a organização estará bem posicionada para enfrentar os desafios futuros e prosperar em um ambiente empresarial dinâmico.

Capítulo 24

O Papel Vital dos Gestores na Inspiração e Motivação das Equipes

No vasto território da gestão, os gestores são os arquitetos que moldam a cultura e o desempenho das equipes. Este capítulo se propõe a explorar o papel crucial desempenhado pelos gestores na inspiração e motivação das equipes, revelando práticas de liderança que transcendem a simples supervisão.

Seção 1: Inspirando Através da Visão:

A visão é a bússola que orienta uma equipe em direção aos objetivos. Nesta seção, examinaremos como os gestores podem articular uma visão envolvente, instilando um senso de propósito que transcende tarefas diárias. Através de estudos de caso e exemplos práticos, podemos analisar como líderes inspiradores pintam um quadro convincente do futuro, alinhando a equipe com uma narrativa que vai além dos números e metas.

Seção 2: Motivação Além dos Incentivos Financeiros:

Se a visão é a bússola, a motivação é o combustível que impulsiona a jornada. Aqui, exploraremos abordagens inovadoras para motivar equipes, indo além dos tradicionais incentivos financeiros. Analisaremos como gestores visionários aplicam reconhecimento, desenvolvimento profissional e um ambiente de trabalho positivo para nutrir a paixão intrínseca dos membros da equipe.

Seção 3: Comunicação Inspiradora:

A comunicação eficaz é a chave para desbloquear a compreensão e a confiança dentro da equipe. Investigaremos como os gestores podem aprimorar suas habilidades de comunicação para inspirar e motivar. Da arte da narrativa à importância da escuta ativa, esta seção fornecerá ferramentas práticas para os gestores cultivarem um ambiente de comunicação aberta e inspiradora.

Seção 4: Desenvolvendo uma Cultura de Reconhecimento:

O reconhecimento é uma força motriz poderosa. Nesta seção, examinaremos como os gestores podem desenvolver uma cultura de reconhecimento que celebra conquistas, pequenas ou grandes. Através de estratégias tangíveis e programas de reconhecimento, os gestores podem fortalecer o laço entre os membros da equipe e promover um senso de pertencimento e realização.

Seção 5: Liderança Autêntica:

A autenticidade é a cola que une líderes e equipes. Abordaremos a importância da liderança autêntica, destacando como gestores podem ser modelos de integridade e transparência. Investigaremos estudos de caso de líderes autênticos que inspiraram confiança e construíram relacionamentos duradouros com suas equipes.

À medida que exploramos o papel dos gestores na inspiração e motivação das equipes, torna-se evidente que a verdadeira liderança transcende o cumprimento de metas. Gestores visionários não apenas coordenam tarefas, mas cultivam um ambiente que nutre o potencial humano. O objetivo será uma bússola para os gestores, guiando-os na construção de equipes motivadas e inspiradas, capazes de enfrentar desafios com resiliência e alcançar realizações notáveis.

Capítulo 25

Desenvolvimento de Talentos - Uma Abordagem Estratégica Inspirada no Treinamento Intenso das Forças Especiais

No universo das forças especiais, onde a excelência é não apenas desejada, mas vital, o treinamento emerge como a espinha dorsal do sucesso. Este capítulo mergulha no coração da vitalidade do desenvolvimento de talentos nas organizações, uma jornada inspirada na abordagem meticulosa e intensiva adotada pelas forças especiais. Ao desvendar estratégias eficazes, buscamos não apenas impulsionar o crescimento contínuo dos membros da equipe, mas também alinhar-nos ao rigoroso treinamento que caracteriza as unidades de elite.

Seção 1: Identificação de Potencial:

Como arqueólogos de talentos, gestores podem desenterrar habilidades latentes que podem não ser evidentes à primeira vista. Nesta seção, exploramos métodos para a identificação de potencial, destacando a importância de avaliações estratégicas e feedback contínuo. Ao inspirar gestores a reconhecer e nutrir habilidades, desbloqueamos o verdadeiro potencial de cada membro da equipe.

Seção 2: Desenvolvimento Personalizado:

Assim como as forças especiais adaptam o treinamento para habilidades individuais, gestores podem criar programas personalizados que atendam às necessidades exclusivas de cada membro da equipe. Desde mentorias até cursos especializados, esta seção serve como um guia prático para o desenvolvimento personalizado, catalisando o crescimento profissional e pessoal.

Seção 3: A Importância do Feedback Construtivo:

O feedback é a bússola que orienta a jornada de desenvolvimento. Nesta seção, analisamos a importância do feedback construtivo, destacando como gestores podem oferecer orientação eficaz que inspire o crescimento. Estudos de caso ilustram como o feedback se torna uma ferramenta poderosa para moldar habilidades e aprimorar o desempenho.

Seção 4: Desenvolvimento de Habilidades Técnicas e Comportamentais:

Assim como as forças especiais equilibram habilidades técnicas e comportamentais, esta seção aborda o desenvolvimento de ambas as dimensões. Exploramos estratégias para aprimorar habilidades técnicas específicas das funções da equipe, enquanto enfatizamos o desenvolvimento de habilidades comportamentais, como liderança, resiliência e trabalho em equipe.

Seção 5: Programas de Educação Continuada:

As forças especiais estão sempre aprendendo, sempre se aprimorando. Nesta seção, examinamos como gestores podem implementar programas de educação continuada, promovendo a aprendizagem constante. De cursos online a parcerias com instituições educacionais, esta seção oferece insights sobre a criação de uma cultura de desenvolvimento que transcende limites convencionais.

Ao desbravar o terreno do desenvolvimento de talentos, inspirado no treinamento intenso das forças especiais, este capítulo não é apenas uma exploração, mas uma bússola para gestores que buscam construir equipes resilientes e habilidosas. O desenvolvimento contínuo não é apenas uma estratégia; é um compromisso com a excelência. Que estas estratégias inspirem gestores a cultivarem um ambiente onde cada membro da equipe é encorajado a evoluir constantemente, contribuindo assim para o sucesso duradouro da organização.

Capítulo 26

Criação de Ambiente Propício - Nurturing Grounds para o Florescimento de Equipes de Alto Desempenho

Neste capítulo, adentramos na essência da liderança, explorando como os gestores podem ser arquitetos de um ambiente propício para o florescimento das equipes de alto desempenho. Inspirados pelos princípios das forças especiais, mergulhamos na criação de um solo fértil onde a excelência não apenas prospera, mas se torna inevitável.

Seção 1: Cultivando a Confiança:

A confiança é a fundação sobre a qual equipes robustas são construídas. Nesta seção, examinaremos estratégias para os gestores cultivarem a confiança dentro da equipe. Abordaremos a transparência, a consistência e a prestação de contas como elementos-chave para nutrir um ambiente onde cada membro da equipe se sinta seguro para contribuir plenamente.

Seção 2: Fomentando a Colaboração:

O florescimento de equipes de alto desempenho depende da colaboração efetiva. Aqui, exploraremos como os gestores podem fomentar uma cultura colaborativa, incentivando a troca de idéias e a sinergia. Estudos de caso destacarão iniciativas bem-sucedidas que promoveram a colaboração, transcendendo as barreiras hierárquicas.

Seção 3: Flexibilidade e Inovação:

Ambientes propícios não são estáticos; eles se adaptam e inovam. Analisaremos como os gestores podem incorporar flexibilidade em processos e promover uma mentalidade inovadora. Exemplos práticos ilustrarão como a agilidade se torna um catalisador para o florescimento de idéias inovadoras e a resolução eficaz de problemas.

Seção 4: Reconhecendo e Celebrando o Sucesso:

Celebrar conquistas é vital para manter o impulso positivo. Nesta seção, exploraremos como os gestores podem reconhecer e celebrar o sucesso individual e coletivo. Estratégias de reconhecimento, desde simples elogios até programas mais elaborados, serão discutidas como ferramentas para fortalecer o sentimento de realização e pertencimento.

Seção 5: Gerenciando Conflitos Construtivamente:

Em qualquer equipe, conflitos são inevitáveis. Contudo, a maneira como são gerenciados pode determinar o destino da equipe. Analisaremos estratégias para os gestores gerenciarem conflitos construtivamente, transformando desafios em oportunidades de aprendizado e crescimento.

Este capítulo é um convite para os gestores se tornarem arquitetos de ambientes propícios, onde equipes não apenas existem, mas prosperam. Ao cultivar confiança, fomentar colaboração, promover flexibilidade, celebrar o sucesso e gerenciar conflitos construtivamente, os gestores se tornam líderes que não apenas conduzem, mas criam terrenos férteis para o florescimento duradouro de equipes de alto desempenho. Que este guia inspire gestores a construírem não apenas equipes, mas ecossistemas onde a excelência é a norma, e o sucesso é uma jornada contínua.

Conclusão

Além das Fronteiras da Transformação Organizacional

Ao longo desta jornada de escrita, mergulhamos nas profundezas da transformação organizacional, explorando as intricadas conexões entre gestão eficaz, equipes de alto desempenho e as inestimáveis lições das forças especiais. Nosso objetivo inicial de desvendar um caminho para construir equipes excepcionais foi ampliado para abraçar uma visão holística da gestão contemporânea.

Iniciamos contextualizando a importância vital das equipes de alto desempenho na gestão moderna, revelando os desafios prementes na formação dessas equipes e delineando o papel crucial dos gestores. Em uma síntese única, unimos a tradição lendária das forças especiais, desde os lendários mirmidões até os modernos Navy SEALs e Spetsnaz, com os fundamentos da gestão eficaz.

O título "Missão Dada, Missão Cumprida." encapsula a essência da nossa exploração. Este título audacioso não é apenas um chamado à ação, mas um convite para transcender as fronteiras convencionais da gestão e liderança.

Ao adentrar nas origens lendárias das forças especiais, desde os Mirmidões na Grécia Antiga até os Pretorianos de Roma, testemunhamos a disciplina incansável na guerra de Tróia e a lealdade inquebrável ao Imperador Romano. Estas histórias, entrelaçadas com os princípios modernos das forças especiais, serviram como pilares para construir nossa compreensão de equipes verdadeiramente excepcionais.

Exploramos a importância na gestão contemporânea, desmistificamos os desafios na formação de equipes de alto desempenho e destacamos a responsabilidade vital dos gestores. Cada capítulo foi uma jornada, uma ponte entre o passado e o presente, conectando as lições atemporais das forças especiais com as necessidades urgentes das organizações modernas.

Da disciplina incutida pelos Mirmidões à elite romana dos Pretorianos, e dos ambientes áridos dos Navy SEALs às operações sigilosas dos Spetsnaz, cada narrativa contribuiu para um mosaico coeso de aprendizado. Estas lições transcenderam os campos de batalha para iluminar os corredores corporativos, oferecendo princípios valiosos para construir equipes que não apenas enfrentam desafios, mas prosperam diante deles.

Ao contextualizar a formação de equipes, abordamos desafios como diversidade, comunicação e resiliência. Cada tópico foi uma peça no quebra-cabeça da gestão, destacando a importância de líderes inspiradores, comunicação clara, resiliência e decisões rápidas. Aprendemos que, assim como as forças especiais, as equipes de alto desempenho exigem uma cultura coesa, um treinamento intenso e uma abordagem decisiva diante da incerteza.

Avançamos para além dos campos de batalha e salas de reunião para explorar o universo das forças especiais, desde o chamado dos Mirmidões até a vanguarda romana dos Pretorianos, incorporando as táticas modernas dos Navy SEALs e Spetsnaz. Cada narrativa trouxe lições atemporais sobre disciplina, lealdade, inovação e liderança que ecoam nas salas de reunião e corredores corporativos.

A visão geral do projeto, com capítulos delineados, estabeleceu a estrutura para nossa exploração. Cada capítulo se tornou um portal para uma nova compreensão, um convite para aplicar os princípios aprendidos e transformar não apenas equipes, mas toda a cultura organizacional.

A reflexão sobre os primeiros passos das tropas especiais revelou uma verdade universal: emergências exigem respostas extraordinárias. Os Mirmidões, com sua disciplina inabalável na guerra de Troia, e os Pretorianos, como guardiões do imperador romano, mostraram-nos que a necessidade de tropas especiais nasceu das circunstâncias mais cruciais.

Ao mergulhar nas histórias dos Mirmidões, entendemos a disciplina como a espinha dorsal da excelência operacional. A vanguarda romana dos Pretorianos, como guardiões do imperador, enfatizou a lealdade e a importância de uma cultura sólida. Estas lições, entrelaçadas com os princípios modernos dos Navy SEALs e Spetsnaz, transformaram-se em uma fonte inesgotável de sabedoria para a formação de equipes excepcionais.

Cada capítulo, cuidadosamente elaborado, tornou-se um ponto de ancoragem para a construção de equipes de alto desempenho. Desde a contextualização da importância na gestão contemporânea até os desafios enfrentados na formação de equipes, e da disciplina dos Mirmidões à vanguarda romana dos Pretorianos, a jornada foi repleta de descobertas e aplicações práticas.

Ao avançarmos para a contextualização, exploramos a vital importância das equipes de alto desempenho na era atual da gestão. Discutimos os desafios de montar equipes excepcionais e a responsabilidade crucial dos gestores nesse processo. Cada tópico, cada palavra, contribuiu para a compreensão aprimorada de como as organizações podem transcender

Dessa forma, nossa jornada nos levou além das fronteiras convencionais da gestão, para os corredores do extraordinário. "Missão Dada, Missão Cumprida" não é apenas um título; é um mantra, um chamado para líderes e gestores desbravarem caminhos que transcendam as expectativas, assim como as forças especiais fazem rotineiramente.

Concluímos esta jornada, mas ela é apenas o começo. As lições atemporais das forças especiais permanecerão como guias inestimáveis na construção de equipes de alto desempenho. Que este livro sirva não apenas como um compêndio de conhecimento, mas como um catalisador para a transformação e a excelência contínuas em todas as organizações que buscam superar fronteiras e alcançar o extraordinário.

Ficha Técnica: Navy SEALs

1.   **Nome Completo:** United States Navy Sea, Air, and Land Teams (Navy SEALs)

2.   **Fundação:** Os Navy SEALs foram oficialmente fundados em 1962.

3.   **Ramificação Militar:** United States Navy (Marinha dos Estados Unidos)

4.   **Missão Principal:** Executar operações especiais marítimas, aéreas e terrestres em ambientes hostis.

5.   **Motto(Lema):** "The Only Easy Day Was Yesterday" (O Único Dia Fácil Foi Ontem)

6.   **Treinamento:**

•   **BUD/S (Basic Underwater Demolition/SEAL) Training:** Treinamento de demolição subaquática e habilidades de combate anfíbio.

•   **SEAL Qualification Training (SQT):** Programa de qualificação SEAL.

- **SEAL Advanced Training:** Treinamento avançado em armas, navegação, medicina de combate e táticas especiais.

7. **Seleção:**

- Rigoroso processo de seleção, incluindo provas físicas intensivas, avaliações psicológicas e entrevistas.

8. **Efetivo Atual:** O número exato é classificado, mas estima-se que existam cerca de 2.500 a 3.000 Navy SEALs em serviço.

9. **Base de Operações:** Os SEALs estão baseados em Coronado, Califórnia (Equipe SEAL da Costa Oeste) e em Virginia Beach, Virgínia (Equipe SEAL da Costa Leste).

10. **Operações Notáveis:**

- Participação ativa na Guerra do Vietnã.

- Operação "Neptune Spear" - Captura de Osama bin Laden em 2011.

- Diversas missões de contraterrorismo e resgate de reféns.

11. **Equipamento Típico:**

- Armas de fogo avançadas, incluindo rifles de assalto e pistolas.

- Equipamento de mergulho.

- Equipamento de combate corpo a corpo.

- Equipamento de comunicação avançado.

12. **Valores Fundamentais:**

- **Lealdade à Equipe:** Colocar o bem-estar da equipe acima do interesse pessoal.

- **Determinação:** Persistir diante dos desafios, mantendo a motivação e o foco.

- **Disciplina:** Adotar padrões elevados de comportamento e desempenho.

- **Honorabilidade:** Agir com integridade e ética em todas as situações.

13. **Habilidades Específicas:**

- Operações de combate anfíbio.

- Infiltração e exfiltração silenciosa.

- Combate em ambientes fechados.

- Paraquedismo tático.

- Navegação terrestre e marítima.

14. **Média de Idade:** Os SEALs têm uma média de idade de 28 a 30 anos.

15. **Curiosidades:**

- O treinamento BUD/S é conhecido por sua intensidade, com uma alta taxa de desistência.

- A insígnia dos SEALs é um tridente com uma âncora, representando as capacidades marítimas, e um punhal, representando as capacidades terrestres e de combate.

Lembrando que algumas informações específicas sobre os Navy SEALs são classificadas e podem não estar disponíveis publicamente.

Ficha Técnica: Rangers do Exército dos Estados Unidos

1. **Nome Completo:** 75º Regimento de Rangers do Exército dos Estados Unidos (75th Ranger Regiment)

2. **Fundação:** Oficialmente ativado em 3 de fevereiro de 1986.

3. **Ramificação Militar:** Exército dos Estados Unidos.

4. **Missão Principal:** Conduzir operações de assalto aerotransportado, emboscadas, reconhecimento, busca e resgate, e outras operações especiais em ambientes hostis.

5. **Motto(Lema):** "Rangers Lead the Way" (Rangers Lideram o Caminho).

6. **Treinamento:**

- **RASP (Ranger Assessment and Selection Program):** Programa de avaliação e seleção para ingresso no Regimento.

- **Ranger School:** Curso de treinamento em liderança, habilidades de combate, patrulha e sobrevivência.

7. **Seleção:**

- Rigoroso processo seletivo, incluindo testes físicos, avaliações de liderança e treinamento especializado.

8. **Efetivo Atual:** O número exato é classificado, mas estima-se que existam cerca de 3.500 Rangers em serviço.

9. **Base de Operações:** As principais unidades estão baseadas em Fort Benning, Geórgia (1º Batalhão) e em Hunter Army Airfield, Geórgia (2º e 3º Batalhões).

10. **Operações Notáveis:**

- Participação ativa nas Guerras do Golfo, Afeganistão e Iraque.

- Missões de reconhecimento e combate direto.

11. **Equipamento Típico:**

- Armas de fogo padrão do Exército dos EUA, incluindo rifles de assalto e metralhadoras.

- Equipamento de comunicação avançado.

- Equipamento tático e de sobrevivência.

12. **Valores Fundamentais:**

- **Coragem:** Agir com bravura em face do perigo.

- **Liderança:** Ser líderes eficazes em todos os momentos.

- **Honestidade:** Manter a integridade e agir com honestidade.

- **Trabalho em Equipe:** Colaborar eficazmente para atingir objetivos comuns.

13. **Habilidades Específicas:**

- Assalto aerotransportado.

- Patrulha de combate.

- Reconhecimento de longo alcance.

- Operações de busca e resgate.

14. **Média de Idade:** A faixa etária dos Rangers varia, mas muitos estão entre 18 e 35 anos.

15. **Curiosidades:**

- Os Rangers são conhecidos por suas capacidades de resposta rápida e operações altamente treinadas.

- Durante a Segunda Guerra Mundial, os Rangers foram famosos por suas ações nas praias da Normandia, conhecidas como "Ponto Du Hoc".

Assim como com os Navy SEALs, algumas informações específicas sobre os Rangers podem ser classificadas e não estão disponíveis publicamente.

Ficha Técnica: SAS (Special Air Service)

1.   **Nome Completo:** Special Air Service (SAS)

2.   **Fundação:** Formado em 1941 durante a Segunda Guerra Mundial.

3.   **País de Origem:** Reino Unido.

4.   **Missão Principal:** Conduzir operações especiais, incluindo reconhecimento, sabotagem, resgate de reféns e ações diretas em ambientes hostis.

5.   **Motto(Lema):** "Who Dares Wins" (Quem Ousa, Vence).

6.   **Seleção e Treinamento:**

•   **SFQC (Special Forces Qualification Course):** Curso de Qualificação de Forças Especiais para recrutas.

•   **SAS Selection (Seleção do SAS):** Notório e rigoroso processo de seleção, incluindo testes físicos extenuantes e avaliações psicológicas.

- **SAS Training (Treinamento SAS):** Treinamento intensivo em técnicas de combate, sobrevivência, navegação e operações especiais.

7. **Efetivo Atual:** O número exato é classificado, mas estima-se que existam várias centenas de operadores SAS.

8. **Base de Operações:** O SAS tem várias unidades, incluindo a sede em Hereford, Inglaterra, e uma unidade reserva conhecida como 22nd Special Air Service Regiment (22 SAS).

9. **Operações Notáveis:**

- Atuações na Segunda Guerra Mundial, Malvinas, Bósnia, Iraque e Afeganistão.

- Resgates de reféns e operações antiterrorismo.

10. **Equipamento Típico:**

- Variedade de armas de fogo, incluindo rifles de assalto e pistolas.

- Equipamento tático avançado.

- Equipamento de comunicação especializado.

11. **Valores Fundamentais:**

- **Coragem:** Enfrentar o perigo com bravura.

- **Integridade:** Agir com honestidade e ética.

- **Adaptabilidade:** Ser flexível e eficaz em diversas situações.

- **Trabalho em Equipe:** Colaborar para atingir objetivos.

12. **Habilidades Específicas:**

- Operações de infiltração e exfiltração.

- Combate em ambientes urbanos.

- Patrulha e reconhecimento de longo alcance.

- Operações de contra-sabotarem.

13. **Média de Idade:** Os membros do SAS têm uma ampla faixa etária, geralmente entre 20 e 40 anos.

14. **Curiosidades:**

- O SAS é uma das unidades de forças especiais mais antigas do mundo.

- Participou de operações altamente secretas e notórias, muitas das quais permanecem classificadas.

Nota: Devido à natureza altamente confidencial das operações do SAS, muitas informações específicas podem não estar disponíveis publicamente.

Ficha Técnica: Spetsnaz
(Forças Especiais Russas)

1. **Nome Completo:** Spetsnaz (Abreviação de "Vysokotochnye spetsialnye razvedyvatel'nye podrazdeleniya" - Unidades de Reconhecimento de Alta Precisão)

2. **País de Origem:** Rússia.

3. **Fundação:** As origens remontam à época da União Soviética, mas formalmente constituído em 1950.

4. **Missão Principal:** Executar operações especiais, incluindo reconhecimento, sabotagem, contrassabotagem, resgate de reféns e ações diretas em ambientes hostis.

5. **Motto (Lema):** "Смерть врагам" (Morte aos Inimigos).

6. **Seleção e Treinamento:**

- **Seleção Rigorosa:** Processo de seleção extremamente exigente, avaliando habilidades físicas, mentais e psicológicas.

- **Treinamento Intenso:** Programa de treinamento abrangente que inclui combate corpo a corpo, sobrevivência, técnicas de armas e táticas especiais.

7. **Efetivo Atual:** O número exato é classificado, mas estima-se que existam várias milhares de operadores Spetsnaz.

8. **Base de Operações:** As unidades Spetsnaz estão distribuídas por toda a Rússia e têm bases em diversas regiões estratégicas.

9. **Operações Notáveis:**

- Atuou em várias frentes, incluindo a Guerra do Afeganistão.

- Participação em conflitos recentes, como na Chechênia e na Síria.

- Missões altamente confidenciais.

10. **Equipamento Típico:**

- Variedade de armas russas, incluindo fuzis de assalto, metralhadoras e armas de precisão.

- Equipamento de comunicação avançado.

- Equipamento tático especializado.

11. **Valores Fundamentais:**

- **Lealdade:** Fidelidade ao país e às missões atribuídas.

- **Disciplina:** Adoção de padrões elevados de comportamento e desempenho.

- **Silêncio:** Manutenção de um perfil discreto e confidencial.

- **Coragem:** Enfrentar situações adversas com bravura.

12. **Habilidades Específicas:**

- Operações de sabotagem e contrassabotagem.

- Reconhecimento profundo em território inimigo.

- Combate em ambientes urbanos.

- Treinamento extensivo em diversas condições climáticas.

13. **Média de Idade:** A faixa etária dos membros Spetsnaz varia, geralmente entre 20 e 35 anos.

14. **Curiosidades:**

- As unidades Spetsnaz são conhecidas por sua abordagem robusta e resiliente.

- Mantêm uma tradição de sigilo e distância da exposição pública.

Nota: Devido à natureza altamente confidencial das operações Spetsnaz, muitas informações específicas podem não estar disponíveis publicamente.

Ficha Técnica: Força Delta

(1st Special Forces Operational Detachment-Delta, Delta Force)

1. **Nome Completo:** 1st Special Forces Operational Detachment-Delta (1st SFOD-D), mais conhecido como Delta Force.

2. **País de Origem:** Estados Unidos.

3. **Fundação:** Oficialmente ativada em 1977, após a fracassada operação de resgate de reféns no Irã.

4. **Ramificação Militar:** Exército dos Estados Unidos.

5. **Missão Principal:** Executar operações de contraterrorismo, resgate de reféns, reconhecimento e outras operações especiais em ambientes hostis.

6. **Motto(Lema):** "Sua Obediência à Nossa Missão"

7. **Seleção e Treinamento:**

- **Seleção Seletiva:** Processo de seleção extremamente seletivo, envolvendo avaliações físicas, psicológicas e de habilidades.

- **Q-Course:** Participação em cursos de treinamento especializados, incluindo operações de combate, saltos de paraquedas, mergulho e outras habilidades especializadas.

8. **Efetivo Atual:** O número exato é classificado, mas estima-se que existam algumas centenas de operadores Delta.

9. **Base de Operações:** A base exata é classificada, mas acredita-se que a unidade esteja localizada na área de Fort Bragg, Carolina do Norte.

10. **Operações Notáveis:**

- Participação em operações especiais durante a Guerra do Golfo, Afeganistão e Iraque.

- Resgates de reféns em diversas partes do mundo.

- Envolvimento em missões altamente confidenciais.

11. **Equipamento Típico:**

- Armas de fogo avançadas, incluindo rifles de assalto e metralhadoras.

- Equipamento de comunicação especializado.

- Equipamento tático de alta tecnologia.

12. **Valores Fundamentais:**

- **Lealdade:** Fidelidade à missão e aos colegas de equipe.

- **Integridade:** Manter altos padrões éticos.

- **Coragem:** Enfrentar perigos com determinação.

- **Inovação:** Adotar abordagens criativas para superar desafios.

13. **Habilidades Específicas:**

- Operações de resgate de reféns.

- Infiltração e exfiltração furtivas.

- Operações de contrassabotagem.

- Combate em ambientes urbanos.

14. **Média de Idade:** A faixa etária dos membros da Delta Force varia, geralmente entre 25 e 40 anos.

15. **Curiosidades:**

- A Delta Force é uma das unidades de elite mais secretas das Forças Armadas dos EUA.

- A unidade é composta por operadores altamente treinados de diversas especialidades militares.

- Nota: Devido à natureza altamente confidencial das operações da Delta Force, muitas informações específicas podem não estar disponíveis publicamente.

Epílogo

"Da Elite à Excelência - Lições de Forças Especiais para o Mundo Corporativo"

Ao longo desta jornada pela elite das forças especiais, exploramos os bastidores de unidades extraordinárias como os Navy SEALs, os Rangers, o SAS, os Spetsnaz e a Delta Force. Essas forças, forjadas no calor das batalhas e desafios extremos, não apenas protegem suas nações, mas também oferecem um arsenal valioso de lições aplicáveis ao mundo corporativo e à gestão contemporânea.

O Poder da Seleção e Treinamento Rigorosos: A força dessas unidades começa na seleção meticulosa de seus membros, seguida por treinamentos intensivos. Assim como na formação de equipes de alto desempenho nas organizações, a identificação cuidadosa de talentos e o investimento contínuo em treinamento são fundamentais.

Liderança Inspiradora e Motivacional: Os líderes destas forças especiais são catalisadores de inspiração e motivação. Desde os SEALs até o SAS, a liderança efetiva é uma constante. A habilidade de liderar, motivar e inspirar torna-se uma lição vital para gestores, que devem ser faróis de inspiração em seus ambientes de trabalho.

Trabalho em Equipe e Cultura Coesa: O sucesso destas unidades depende intrinsecamente do trabalho em equipe e de uma cultura coesa. A coesão, a confiança mútua e a colaboração são elementos-chave que permeiam todos os aspectos de suas operações, ensinando-nos que o sucesso organizacional está enraizado na construção de equipes unidas.

Resiliência e Adaptação como Ativos Estratégicos: Diante de adversidades, as forças especiais demonstram resiliência e capacidade de adaptação. No mundo dos negócios, onde as mudanças são constantes, essas lições são inestimáveis. Resiliência não é apenas sobre resistir, mas também sobre aprender e prosperar em meio à incerteza.

Tomada de Decisões Rápidas e Efetivas: Em ambientes de alto risco, as decisões devem ser tomadas rapidamente. As forças especiais nos ensinam a importância da clareza de pensamento e da tomada de decisões efetivas, uma habilidade vital para gestores enfrentando desafios dinâmicos.

Desenvolvimento de Talentos como Investimento Duradouro: Assim como as forças especiais investem no desenvolvimento constante de seus membros, as organizações devem ver o desenvolvimento de talentos como um investimento duradouro. Estratégias personalizadas, feedback construtivo e educação continuada são pilares para construir equipes excepcionais.

Do Combate à Corporação - Uma Transição Poderosa: Embora os cenários sejam distintos, as lições são intercambiáveis. A jornada das forças especiais do campo de batalha para o escritório destaca que as habilidades cruciais para o sucesso não têm fronteiras. A disciplina, a ética, a inovação e a paixão pelo cumprimento da missão transcendem os ambientes mais desafiadores.

Missão Cumprida: Este livro é uma homenagem à dedicação, coragem e sacrifício das forças especiais. Que as lições aprendidas, as histórias compartilhadas e as estratégias delineadas inspirem gestores a liderarem com excelência, a formarem equipes de alto desempenho e a alcançarem missões corporativas tão grandiosas quanto as operações dessas forças extraordinárias.

Assim, encerramos esta jornada, lembrando que a busca pela excelência é uma missão contínua, e o caminho para a maestria nunca conhece fronteiras. Que cada gestor possa adotar essas lições, transformando desafios em oportunidades e moldando equipes que não apenas enfrentem, mas vençam. A missão está dada, que ela seja cumprida.

Glossário de Termos de Gestão

Equipes de Alto Desempenho:

• Definição: Grupos de indivíduos altamente qualificados que colaboram eficientemente para atingir objetivos comuns.

• Contexto: Essas equipes são fundamentais para a obtenção de resultados excepcionais nas organizações.

Liderança Inspiradora:

• Definição: Habilidade de influenciar e motivar outros, proporcionando inspiração e visão clara.

• Contexto: Um líder inspirador é vital para mobilizar e engajar equipes na busca de metas desafiadoras.

Resiliência Organizacional:

• Definição: Capacidade de uma organização se adaptar e se recuperar eficientemente diante de mudanças e desafios.

• Contexto: A resiliência é crucial em ambientes corporativos dinâmicos e em constante evolução.

Tomada de Decisões Rápidas:

- Definição: Habilidade de fazer escolhas eficazes em um curto período, muitas vezes em situações de pressão.

- Contexto: Essa habilidade é essencial para gestores enfrentando desafios dinâmicos.

Desenvolvimento de Talentos:

- Definição: Investimento contínuo na identificação, aprimoramento e promoção do potencial dos membros da equipe.

- Contexto: O desenvolvimento de talentos é crucial para construir equipes habilidosas e adaptáveis.

Cultura Organizacional Coesa:

- Definição: Conjunto de valores, crenças e práticas compartilhadas que promovem coesão e colaboração entre os membros da organização.

- Contexto: Uma cultura coesa é essencial para construir equipes fortes e alinhadas com os objetivos da organização.

Inovação Empresarial:

- Definição: Introdução de novas idéias, métodos ou produtos que contribuem para o crescimento e aprimoramento da organização.

- Contexto: A inovação é crucial para manter a competitividade e a relevância no mercado.

Feedback Construtivo:

• Definição: Comunicação que fornece avaliações específicas e orientações para o desenvolvimento pessoal e profissional.

• Contexto: O feedback construtivo é uma ferramenta poderosa para melhorar o desempenho individual e da equipe.

Treinamento Intenso:

• Definição: Programas de aprendizado rigorosos que visam desenvolver habilidades técnicas e comportamentais.

• Contexto: O treinamento intenso é crucial para construir profissionais altamente qualificados e adaptáveis.

Cultura de Aprendizagem Contínua:

• Definição: Ambiente organizacional que promove a busca constante de conhecimento e aprimoramento profissional.

• Contexto: Uma cultura de aprendizagem contínua é essencial para a inovação e a adaptação em ambientes dinâmicos.

Estes termos de gestão são fundamentais para compreender as lições e estratégias discutidas ao longo deste livro, proporcionando uma base sólida para a implementação das práticas aprendidas.

Glossário de Termos Corporativos

Stakeholder:

• **Definição:** Qualquer indivíduo ou grupo que tem interesse ou é afetado pelas atividades e decisões de uma organização.

• **Contexto:** Gerenciar relacionamentos com stakeholders é crucial para o sucesso e sustentabilidade de uma empresa.

Feedback:

• **Definição:** Informação sobre o desempenho de um indivíduo, equipe ou processo, fornecida com o objetivo de aprimoramento.

• **Contexto:** O feedback construtivo é essencial para o desenvolvimento profissional e a melhoria contínua.

Insights:

• **Definição:** Percepções ou compreensões profundas derivadas da análise e interpretação de dados ou informações.

• **Contexto:** Insights são fundamentais para a tomada de decisões informadas e estratégias eficazes.

Inovação:

- **Definição:** Introdução de algo novo ou aprimorado, seja em produtos, serviços ou processos.

- **Contexto:** A inovação é essencial para a competitividade e o crescimento sustentável das organizações.

Eficiência Operacional:

- **Definição:** Realização de tarefas e processos de forma otimizada, maximizando a produção com recursos disponíveis.

- **Contexto:** A eficiência operacional visa alcançar resultados superiores com menor consumo de recursos.

Resiliência Empresarial:

- **Definição:** Capacidade de uma organização se adaptar, resistir e se recuperar diante de adversidades e mudanças.

- **Contexto:** A resiliência é crucial para a sustentabilidade e continuidade dos negócios em cenários desafiadores.

Cultura Organizacional:

- **Definição:** Conjunto de valores, crenças e comportamentos compartilhados dentro de uma organização.

- **Contexto:** A cultura organizacional influencia a tomada de decisões, as interações e o ambiente de trabalho.

Gestão de Mudanças:

- **Definição:** Processo de planejamento e implementação de alterações significativas nas operações ou estrutura de uma organização.

- **Contexto:** Uma gestão eficaz de mudanças é essencial para minimizar resistências e garantir transições suaves.

Diversidade e Inclusão:

- **Definição:** Promoção da variedade de origens, características e perspectivas, com o objetivo de criar ambientes mais ricos e inovadores.

- **Contexto:** A diversidade e inclusão são cruciais para impulsionar a criatividade e o desempenho organizacional.

Agilidade Empresarial:

- **Definição:** Capacidade de uma organização se adaptar rapidamente às mudanças do mercado e responder de forma ágil.

- **Contexto:** A agilidade é vital em ambientes de negócios dinâmicos e em constante evolução.

Apêndice

Ferramentas para Reflexão e Desenvolvimento de Liderança

Guia de Discussão para Grupos de Estudo

Desenvolvimento de Equipes:

• Como podemos aplicar as estratégias de formação de equipes de alto desempenho em nosso ambiente de trabalho?

• Quais são os desafios comuns na construção de equipes e como podemos superá-los?

Liderança Inspiradora:

• Quais são as características de um líder inspirador? Podemos identificar essas características em líderes conhecidos?

• Como podemos inspirar e motivar nossa equipe no dia a dia?

Resiliência e Adaptação:

• Como nossa organização lida com mudanças e adversidades? Existem áreas onde podemos melhorar?

- Que estratégias podemos adotar para promover uma cultura de resiliência em nossa equipe?

Tomada de Decisões Rápidas:

- Qual é o processo de tomada de decisões em nossa organização? É ágil e eficiente?

- Como podemos aprimorar a capacidade de tomar decisões rápidas e efetivas?

Desenvolvimento de Talentos:

- Como identificamos o potencial de liderança em nossa equipe?

- Quais programas de desenvolvimento de talentos podem ser implementados em nossa organização?

Cultura Organizacional:

- Qual é a cultura predominante em nossa organização? Está alinhada com nossos valores?

- Que iniciativas podem fortalecer a cultura coesa e colaborativa em nossa equipe?

Perguntas para Reflexão Pessoal e Desenvolvimento de Liderança

Autoconhecimento:

• Quais são minhas principais forças como líder? E quais áreas precisam de desenvolvimento?

• Como minha liderança impacta a cultura da equipe?

Metas e Visão Pessoal:

• Quais são meus objetivos de longo prazo como líder? Como posso trabalhar para alcançá-los?

• Como minha visão pessoal se alinha com os objetivos da organização?

Comunicação e Feedback:

• Como posso melhorar minha habilidade de comunicação com a equipe?

• Estou aberto(a) ao feedback construtivo? Como posso encorajar uma cultura de feedback na equipe?

Tomada de Decisões:

- Como lido com situações de pressão ao tomar decisões?

- Quais são meus pontos fortes na tomada de decisões e onde posso aprimorar?

Desenvolvimento da Equipe:

- Como promovo o desenvolvimento individual de cada membro da equipe?

- Que medidas posso tomar para fortalecer o espírito de equipe?

Resiliência e Adaptação:

- Como reajo a mudanças e desafios? O que posso fazer para melhorar minha resiliência?

- Estou aberto(a) a adaptar minha abordagem de liderança conforme a necessidade?

Use essas ferramentas para reflexão como guias valiosos em seu desenvolvimento contínuo como líder. Lembre-se de que a reflexão pessoal e o diálogo aberto são fundamentais para o crescimento individual e coletivo.

1. Start each day with a task completed.

2. Find someone to help you through life.

3. Respect everyone.

4. Know that life is not fair.

5. You WILL fail often.

6. Take some risks.

7. Step up when times are toughest.

8. Face down the bullies.

9. Lift up the downtrodden

10. Never, ever give up.

"What starts here changes the world."